中华中医昆仑

沈自尹学术评传

张镜源◎主编

中国盲文出版社

图书在版编目（CIP）数据

沈自尹学术评传（大字版）/ 张镜源主编．—北京：中国盲文出版社，2015.12

（中华中医昆仑）

ISBN 978-7-5002-6835-2

Ⅰ．①沈…　Ⅱ．①张…　Ⅲ．①沈自尹—评传　Ⅳ．①K826.2

中国版本图书馆 CIP 数据核字（2015）第 316739 号

沈自尹学术评传

主　　编：张镜源
责任编辑：张冬芝
出版发行：中国盲文出版社
社　　址：北京市西城区太平街甲 6 号
邮政编码：100050
印　　刷：北京华联印刷有限公司
经　　销：新华书店
开　　本：700×1000　1/16
字　　数：42 千字
印　　张：6.5
版　　次：2015 年 12 月第 1 版　2015 年 12 月第 1 次印刷
书　　号：ISBN 978-7-5002-6835-2/K·441
定　　价：12.00 元
销售服务热线：（010）83190297　83190289　83190292

丛书编委会

前言

中医药是中华民族的伟大创造，是世界医学宝库中的夺目瑰宝，数千年来为中华民族的繁衍昌盛作出了巨大的不可磨灭的贡献，至今仍是中国医药卫生事业不可分割的重要组成部分，在维护民族体魄康健、促进经济社会发展中发挥着不可替代的作用。

中医药学，是中华传统文化和科技文明的结晶，是勤劳聪慧的中华儿女在几千年生产生活实践中，在与疾病作斗争的过程中，创造的独具特色的医学科学体系。它有着浓郁的民族特色、深厚的文化底蕴和丰富的哲学内涵。经过一代又一代中医药传人、一辈又一辈名医大家的实践探索、薪火传承、总结完善、创新发展，逐步形成了系统的理论体系、独特的诊疗方法、丰富的医学内容、实用的制药技术。具有疗效确切、用药安全、应诊灵活、普适简廉和预防保健作用显著的巨大优势，在世界医学之林独树一帜，为人类的文明进步与医疗保健事业，已经并正在作出积极的贡献。

为了弘扬中华民族传统文化，彰显中医药学家的丰功伟绩，当代中医药发展研究中心与中国文学艺术界联合会、国家中医药管理局新闻办公室、中华中医药学会、中国中医科学院、北京中医药大学、世界中医药学会联合会等精诚合作，在国家中医药管理局的支持和指导下，为中华近现代百年来贡献卓著、深受敬仰的150位中医药学家，编撰出版了这部大型传记丛书。丛书采用评传体裁，记载他们的生平事迹、医术专长、学术思想、传承教育、医风医德、养生之道和突出贡献，使这些宝贵的医学成就和精神财富发扬光大，千古流芳。

丛书取名《中华中医昆仑》。昆仑山，被尊为“万山之祖”，柱西北而瞰东南，立中国而凭世界，凌驾乾坤，巍然屹立。以其高峻豪迈、绵延起伏的磅礴气势，寓意中华中医药学历史悠久、博大精深和永不衰竭；以其挺拔雄伟、高耸入云的恢弘气魄，彪炳一代中医药学家的丰功伟绩、杰出贡献和不朽勋业。

丛书入选传主，从全国范围推荐遴选，遍及中医药界各个领域。有临床家、理论家、药学家、教育家、医史文献学家；有名师亲授、世医家教、学派传人、院校毕业和自学成才者；有师徒并驾、父子齐名和伉俪联袂者。他们学术造诣深厚、诊疗技术精湛、临床经验丰富、学科地位崇高、科研成果丰硕、医风医德高尚、国内外影响较大，从医学理论到临床实践，为中医药事业的传承和发展作出了突出贡献，是近现代百年来中华中医药界的杰出代表。

丛书的出版，对于弘扬中华文化，振兴中医药事业，造就中医药人才，普及中医药知识，具有重要的现实意义和深远的历史意义。这是一项开创性工作，填补了我国为著名中医药学家大规模撰写传记的空白；也是一项抢救性工作，因入选传主已仙逝过半，许多亲历、亲见、亲闻的史料日见散逸，将之收集整理、编撰成书，功垂后世、利国利民；更是一项承前启后的工作，总结传主经验，传承中医药伟业，继往开来，光耀世界医学之林。这部医文结合，富蕴历史性、学术性、文学性和实用性的鸿篇巨制，对医疗、卫生、科研、教育及全球关注中华中医药文化的各界人士，都有重要的参考和阅读价值。

丛书的编撰出版，是一项巨大的中医药文

化建设工程，在策划、撰写、编辑、出版过程中，自始至终得到了国家有关领导、政府部门及社会各界人士的关心和支持。国家中医药管理局高度重视，并组织专家对全书进行终审；数百名专家、学者亲临指导，参与规划；有关省、市、自治区卫生厅、局、中医局（处）给予大力帮助；传主及其亲属、弟子热情支持、密切配合；撰稿人深情满怀、辛勤笔耕；编审专家尽心竭力、精工细琢；关爱中医药事业的企业家热心公益、慷慨资助；全体工作人员不辞辛劳、无私奉献，这一切使丛书得以顺利出版。对此，我们深表谢意。

由于时间紧迫和资料搜集困难，加之水平有限，难免有疏误之处，敬请广大读者批评指正。

中华中医药学，历史悠久，源远流长，发端于远古，奔向于未来。百年对于历史，不过是短暂的瞬间；百人对于万众，不过是沧海一粟。然本丛书所记载的百年百人，则无疑是波澜壮阔的中医药发展史上辉煌的篇章和光芒闪烁的璀璨星辰。

张镜源

目录

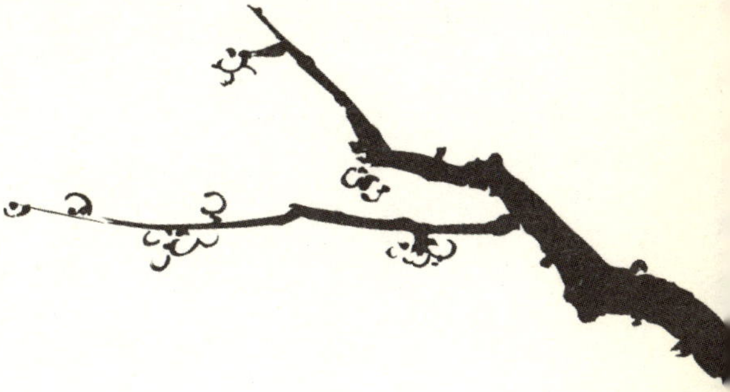

事业的追求为了理想，生活的乐趣乃是创新，人生的价值在于奉献。

——沈自尹

沈自尹，1928年出生，浙江镇海人，著名中西医结合学家，中国科学院院士。1952年毕业于上海第一医学院医疗系。1955年师从姜春华教授学习中医。1959年师徒同获卫生部颁发的“发扬祖国医学遗产”金质奖。

沈自尹历任上海医科大学教授、博士生导师、中医教研室主任、中西医结合研究所所长，华山医院中医科主任、藏象研究室主任，学校暨医院学位和学术委员会委员，国务院学位委员会医学评议委员，卫生部中药评审委员会主任委员，中国中西医结合学会副会长，上海市中西医结合学会会长。现任复旦大学中西医结合研究所名誉所长，上海市中西医结合学会荣誉会长，《中国中西医结合杂志》副总编。1997年当选为中国科学院院士。

多年来，沈自尹致力于中西医结合思路和方法的开拓，主要从事肾本质和传统老年医学研究。20世纪50年代，他在国内率先开展中医“肾”本质理论研究。1960年，他从肾的研究中精辟地总结出富有辨证思想的“同病异治，异病同治”，并以此作为中西医两种医学体系结合的突破口。60年代首次证实中医的“肾阳虚证”有特定的物质基础。70年代根据大量的临床实例和科学实验，提出了“辨病与辨证相结合”，力排中西医药简单相加。80年代又提出“微观辨证和辨证微观化”，对中医辨证向科学化、客观化发展起到了积极的推动作用。90年代，他进一步采用分子水平的检测方法，证明唯有补肾阳药才能作用并提高下丘脑促肾上腺皮质激素释放激素信使核糖核酸的基因表达，对肾阳虚证达到能定性、定量，并将主要调节中枢定位在下丘脑，提出多方面的有力证据。这一成就的意义是，用现代科学方法首次在国际上证实，肾阳虚证存在特定的物质基础。沈自尹近年来的研究发现，补肾阳能降低老年 T 细胞的过度凋亡，延缓衰老，对衰老的调控手段在国际医学领域处于领先地位，并且在系统生物学观点和肾阳虚证的基因表达谱基础上，绘制了肾阳虚证的神经一内分泌一免疫及神经一内分泌一骨代谢两大基因网络调控路线图谱。发表论文 100 余篇，主编《肾的研究》、《肾的研究续集》、《中医治则研究》、《中医理论现代研究》、《虚证研究》，参加编写《实用内科学》和《支气管哮喘》等医著。其中《肾的研究》一书在日本被两次翻译出版。

1979 年以来，沈自尹获全国医学卫生科学大会重大科技成果奖及省部级以上奖励 20 余项。1990 年，他被日本国立富山医科药科大学聘为客座教授，并赴日讲学与科研一年。多次应邀出席国际学术会议，并赴美国哈佛大学、加州大学及香港中文大学等名校讲学。1978 年以来，已培养硕士研究生 7 名，博士研究生 4 名，指导博士后 6 名，在读博士研究生 2 名、博士后 1 名，学术继承人 2 名。

寻找自己的时空坐标

沈自尹出生于1928年，父母都是教育工作者，在上海、南京等地工作。沈自尹从小就受到书香的熏陶。当时的社会正处于动荡和战乱之中。生活在这一时期的年轻人，不可避免地要受到时代的影响并被卷入其中。抗战开始后，沈自尹随家人迁至宁波镇海乡下。不久宁波沦陷，他初中毕业后，由于不甘心接受亡国奴的教育，于是就和几个爱国同学背井离乡，跑到艰苦的宁海游击区，在跃龙山的鄞县联中继续求学。抗战胜利后，他又随学校迁往宁波，一直读到高中毕业。之后考入上海医学院（后更名为上海第一医学院）。

1952年，沈自尹从上海第一医学院毕业，并在上海华山医院工作了3年。1955年，华山医院根据当时卫生部关于“西医学习中医”的要求，安排沈自尹去学中医。医院领导说：“当前西医普遍存在歧视中医的不良倾向，没有深入研究过中医，却要否定中医，这不是科学的态度。派你去学中医，就是要发扬中医的精华，这是一项光荣的任务。”接受任务时，他头脑里还没有中西医结合这个概念，只是为了学好中医，研究中医，完成上级交给的任务。由于大学期间接受了系统而严格的英美式正规西医教育，而当时在全国还没有普遍开展西医离职学习中医，他难免被周围人议论，有时还会听到“西医郎中”这样的挖苦话。这些并没使他感到难堪。他以前无缘接触中医，对中医一无所知，脑子里装的全是从医学院学习时看得见摸得着的组织学、胚胎学、解剖学、生理学、细菌学、寄生虫学、病理解剖学、生物化学、病理生理学等知识，总觉得科学应该是唯物的，有客观依据的。而中医只凭“望、闻、问、切”，不需任何实验室依据就开处方，似乎有点“玄”，让他不免心存困惑与疑虑。当时，他很乐于有这样的机会去探究难题，搞懂中医学术体系是否具有科学性。

沈自尹学习中医是采用传统的跟师学习方式，组织上安排姜春华教授做他的老师。姜春华教授是中医名家，1954 年进入上海华山医院任中医科主任。正是这位老师，使他真正认识了中医，为他以后研究中医、发扬中医奠定了坚实的基础。

姜春华出生于江苏南通，博学勤奋，精通医道，对中医古代典籍研究尤为深入。他在临床上重视实效，是一位重理论更重实效、不尚空谈的医家。姜春华对学术问题有是非之见，无门户之分。他评析了历代中医学家，认为先贤应该尊敬，但不能盲目崇拜。古代医家有其独特成就的一面，也有其偏颇的一面，用药也有个人的偏好之处。后人只见到其独特之处，就冠以某某学派，如寒凉派、滋阴派、补土派等，是不妥当的。医学是科学，科学只有是非，不允许有个人爱憎偏嗜，因此学习继承古代医学家的遗产应取其精华，弃其糟粕，不能有个人的门户流派之分。姜春华用药从不力主一家，阳虚者用景岳之温补，阴虚者师孟英之育阴，对于单方土药亦绝不藐视，只要有实效，必定采纳，真正做到广揽诸家之长。姜春华不仅对古代中医学及中医学家如此，而且对西医学和中西医结合均抱有尊重的态度。他曾说："《史记·扁鹊仓公列传》云:'人之所病，病疾多；而医之所病，病道少。'我为了疗效的提高，借助于西医之道，自谓不违古贤教训。"他还指出，"立足中医"，是站在中医的立场上，真正以中医理论为中心，不失辨证论治的精神；"西为中用"，是说在今天的条件下，充分应用现代医学的知识，克服中医的历史局限性，以求阐明机制，使科研成果最大限度地为提高中医临床实效服务。姜春华认为，中医学是祖先遗留下来的财富，中西医都可研究，不管用什么方法，谁能发扬光大，谁就是继承人。姜春华说中医好，好在要“走样”，就是说中医要不受传统观念的束缚，总是老样子肯定不行。“走样”就是进步，而中医只有不断进步才有前途。姜春华的这些不凡思想，对沈自尹产生了巨大影响。他在临床上务实求真，在科研上追求创新、勇于开拓的精神，都是受到了姜春华的启发。

沈自尹详细记述了那段跟随姜春华学习中医的经历。老师尽心地教，每逢炎夏酷暑的下午，那间作为中医办公室的木板平房里热气灼人，老师时常用冷水浇一下头，再坐下来讲课。沈自尹也是尽心地学。为了攻克艰涩难懂的古文这一关，他每天清晨到花园里朗读《古文观止》。更重要的是怎样学进去，以了解中医理论和治病真谛。当时中医还没有系统的教材，老师指导他从《伤寒论》、《金匮要略》、《黄帝内经》、《神农本草经》学起，不死背条文，而要理解其精髓，辨证论治的规律从这些繁复古老的条文中得以归纳。而后让他自学《外台秘要》、《千金方》，对每一门病证的用药加以科学的分类，从出现频率最高的方药中判断其实效。曾有一位痢疾病人，大便培养发现弗氏痢疾杆菌，医生开始用抗生素治疗，用过磺胺、合霉素、金霉素等都无效。虽然大便已培养不出致病菌，但仍然每天腹泻十余次。于是改用收敛性药物，如复方樟脑酊、次碳酸铋等，也不起作用。最后请姜春华会诊。姜春华认为虽然是痢疾，但病情已迁延，病人体力衰退而表现为“虚寒”证，必须给予温补性药物，如附子、干姜、人参之类。服1剂中药后，第二天病人的腹泻就停止了。中医不用杀菌药，而用了与痢疾不相干的温补药，却获奇效，说明中医“虚则补之、实则泻之”，这一治则充分体现了整体观念的优势。这些按照中医观念治疗取得实效的例子，对于沈自尹这个习惯于用看得见、摸得着的唯物守则来治病的医生，实在是一种新的启示。

沈自尹学中医理论的同时，还兼管中医病房。姜春华用巴豆为主制成的巴漆丸治疗肝硬化病人的腹水，很有成效。当沈自尹总结到96例时，《解放日报》从病人来信中得知这一消息，派记者来找钱院长，希望作报道。钱院长听了沈自尹的介绍，也是半信半疑，每天亲自到中医病房，认真地用皮尺量这些病人的腹围。在一个星期里，他亲眼看到病人腹水逐渐地消失。为此，钱院长也专收了一个肝硬化腹水的病人，用西药硫酸镁试图泻水而未能成功。这证明中医用巴漆丸泻水有其独特之处，只是还说不清是什么道理。于是钱院长和沈自尹撰写的中医有效治疗肝硬化腹水的稿子同时见报，对当时医学界震动很大。

在随姜春华临证过程中，沈自尹看到老师在治疗一个哮喘病人时，不仅考虑发病环境、季节、体质的改变，而且根据诱发因素的不同，先后采取了四种不同的处方来诊治；又看到老师对疟疾、痢疾、哮喘、乳糜尿等病人的治疗，在病程的某个阶段出现“气虚”症状时，采用同一补气处方，收到很好的效果。这种“同病异治，异病同治”辨证论治原则的应用，体现了老师学识渊博、造诣高深，在治病用方时有胆有识、博采众方、不拘一格。这种学术上的洞察力，治疗上的魄力，唯有从师学习，朝夕相处，才能深深地体验到。这不但使沈自尹树立了学习中医的信心，而且对于他以后的发展产生了关键而深远的影响。

沈自尹曾拿艺术和中医作比喻，以引申学习中医的独特体会。绘画是艺术，无论是中国的水墨画抑或西方的油画，画家首先要有一个构思，再加上个人的技巧和审美情趣，才能使画作传神，观者赏心悦目；音乐也是艺术，无论中西名曲的产生，都得先有构思，再加上作曲家各具特色的表现手法和个人风格，使经典作品久盛不衰，令听者犹如身临其境而有内心的共鸣。中医不属于艺术范畴，却具有艺术的特征。所谓“医者意也”，这“意”并非随心所欲，而是内心构思，构思水平的高低决定了治疗效果的好坏。中医诊治疾病的水平参差不一，差别就在于构思的水平。譬如一个病人经几位老中医看过，有时会得到完全不同的处方。再如几个徒弟跟一位老中医学习，几年后有的能将老中医的处方成套地背下来，甚至连每种药在处方的位置都能记得牢，有的则能将老中医的心得与治病经验学到手，而并不拘泥于一方一药。前者学“形”，后者学“神”，后者实则是学到老中医的构思方法。辨证论治是从整体着眼，根据具体情况行事，却又灵活机动而具有预见性。又好比弈棋，既要照顾全局的安排，又要考虑每个棋子的得失以及它对全局的影响，有时在某个棋子上用工夫，有时却须用其他的棋子来影响或解救这个棋子的危急。这不仅需要了解每个棋子的作用，而且要了解各个棋子之间的关系，更要从通盘着眼，以取得最后的胜利。姜春华又让沈自尹跟几位名老中医临床（像夏仲方老中医对《伤寒论》、《金匮要略》经方实质领悟深，又能在临床上运用自如；张跃卿老中医对医理分析精辟，每能引人入胜），从而使他了解各种不同的风格，提高构思能力。老师教得认真，学生学得刻苦，1959 年 2 月，姜春华和沈自尹同获卫生部颁发的“发扬祖国医学遗产”金质奖章。

1959 年对沈自尹来说是学术生涯的重要转折点。这一年，他参与了上海第一医学院藏象专题研究课题的策划与研究。事实上，从这时起他已经走上了中西医结合研究的道路。在参加中医研究课题汇报时，他注意到一个问题：对西医来说全然不同的六种疾病，如功能性子宫出血、支气管哮喘、红斑狼疮、冠心病等，对中医来说却在某个阶段都存在相同的肾虚症状，都可以用补肾调整阴阳的方法而提高疗效，这分明是“异病同治”。“异病”既然可以“同治”，这些不同疾病之间一定有其共同的物质基础。这样富有哲理的研究思路，沈自尹应《科学通报》之约，以“同病异治，异病同治”为题撰稿，发表在1961年第10期。在藏象学说中，“肾”是先天之本，主管人一生中的生长发育和衰老过程。至明代已趋于完善的“命门学说”把“肾”看得像生命之门那样重要，认为肾阳温煦着全身各脏腑的阳，肾阴滋养着全身各脏腑的阴，肾似乎是人体各脏腑的调节中心。他想到，研究“肾”的本质，有可能由此突破，开辟出一条研究中医理论的新途径。他的设想得到上海第一医学院领导的采纳和生化教研室的热情支持，上海第一医学院成立了藏象专题研究组。这也就使沈自尹在中西医结合的道路上，认准目标，开启了理论研究的大门。后来他回忆说：“人生确有自己的时空坐标，每个人只能是其中的一点，当你认识到了这一点，你就可能不再希望迁徙。我最初走上中西医结合道路并非自觉，但一旦自觉了，就抓住不放，进行长期的积累。”沈自尹在中西医结合这条道路上一走就是几十年，是公认的受人尊敬的这个领域的拓荒者，他的科研成果也改变了这一领域的面貌。试想，在 60 年前，当中医说一个人是肾阳虚时，谁会意识到主要是下丘脑一垂体一肾上腺这些神经内分泌轴的功能出现了问题呢？而现在人们都接受了这个事实。科学就是不断地揭示出新的规律。所幸的是，沈自尹在那个变化不定的年代中，得以和中医结下缘分，并以此为事业，找到了自己在漫漫时空中的坐标。

开拓中西医结合新领域

19 世纪下半叶至 20 世纪初，西医在我国迅速传播，传统中医受到巨大冲击。中医该如何发展下去？如何看待中、西医两种医学体系？这些重大问题摆在国人面前。在这样的背景下，中西医汇通学派应运而生。代表医家有唐容川、朱沛文、张锡纯、恽铁樵等。汇通派医家从不同的角度探索沟通中西医学的途径，比较两种医学体系的异同与优劣。他们站在中医的立场上，在比较与汇通中维护和宣传中医学理论，强调中西医各有长短。但当时西医远没有取得与中医抗衡的平等地位。总的来说，中西医汇通派有“重中轻西”的倾向，强调用西医印证中医，证明中西医原理相通，都是科学，而中医又高明于西医。唐容川是提出“中西医汇通”口号的第一人，他认为中医的经典理论与西医的解剖生理学说是相通的，如“《黄帝内经》名脉，西医名管，其实一也”，“西人虽详于形迹而尤未及《黄帝内经》之精”。朱沛文著《中西脏腑图象合纂》，认为“华洋医学各有是非”，中医“精于穷理，而拙于格物”，但又“信理太过，而故涉于虚”，西医“长于格物，而拙于穷理”，但又“逐物太过，而或涉于固”。这些医家都是当时的开明人士，虽然全力维护中医，但认为中西医是相通的，中医要“采西人之所长，以补吾人之所短”，确立了“衷中参西”的汇通原则。

20 世纪 20 年代后，受“五四”运动的影响，“科学”的思想逐渐深入人心。和西医比较，中医几乎每个方面都存在着“不科学”的说法。为了使中医学能够继续发展，运用近代科学方法对中医理论体系进行整理和研究的“中医科学化”思潮应运而生。如陆渊雷认为，“中医除治疗方法外，其理论知识绝少”，主张“用科学方法去解释”中医治疗疾病的原理和机制。谭次仲说：“欲保存中医，就不能不从科学立实基础，力图改进。若空言提倡，或夸为辅饰，不讲改进方法，是绝要失败的。”“理之真否，决于实验；效之确否，决于统计。”他还提出了具体建议。当时，主张中医科学化的人士纷纷发表见解，认为中医与西医比较，缺少确切性和严格实证性，中医经验确切有效，但中医理论要以科学的方法来整理。这些人提出科学整理的目标和任务是对的，但否认中医理论的内涵和特色，以及这些理论中所蕴涵的科学规律，是不能真正发扬中医的。因此，既要提炼发掘中医经典之独特理论，并通过现代科学技术予以证明，又要继承中医药中的经验部分，努力吸收西医学、当代科学技术的新成果，使中西医相辅相成，共同发展。中华人民共和国成立后的中西医结合代表了这一方向。

中西医汇通派和中医科学化思潮都没有提出中西医结合的基本原则、方法、途径，也没有使中医学中基本的理论问题如“证”、针刺原理、复方作用机理等进入现代意义的探索，因此没有实现真正意义上的中西医结合。中西医结合可以说是一个空白区，是世界医学门类中难度较高的一种，要将中医和西医这两种全然不同的医学体系结合起来，找出结合点，是没有前人经验可以借鉴的。迄今为止，沈自尹等人在中西医结合的道路上已走过50多个年头，这是不平凡的历程，是在茫茫科海中寻求真理、实现人生价值的艰辛过程，其间充满了奋斗的乐趣，闪耀着智慧的光芒。沈自尹等人终于开拓了一个崭新的医学领域：它是中医的，因为保持着中医独特理论的核心部分，并以现代科学理论予以揭示，而不局限于一方一药一病；

它也是西医的，用从中医独特理论中发掘出来的规律，揭示现代医学常常没有观察到的现象，从而能显著地提高临床疗效。它是古代的，也是现代的，在新的时代背景之下，祖先的遗产以新的形象和科学的内涵呈现在世人面前！

做学问，目标是方向，刻苦是意志和态度。人人都推崇“刻苦”，然而必须是认准目标的刻苦，才会有价值。沈自尹在中西医结合的研究上，认准了目标，加上非同一般的刻苦，终于叩开了中医藏象理论研究的大门。

深入探索需要统一中医的辨证标准，这样才能选择典型的肾虚病人进行研究。除上海第一医学院的老中医以外，沈自尹还邀请了上海市的夏仲方、夏理彬、黄文东、张跃卿等名老中医一起讨论，按照《黄帝内经》理论，结合实际病例的分析，又仿效琼斯对风湿热的诊断标准，在国内率先制订了肾虚证的辨证标准。这个标准后经 1978、1982、1986 年 3 次修改，沿用至今。当时，在按这一辨证标准选出的数十名典型肾虚病人的配合下，沈自尹等经过大量指标筛选，发现只有尿十七羟皮质类固醇（简称尿十七羟）在肾阳虚病人中普遍很低，具有一定的规律性。由于这项指标反映了重要内分泌腺——肾上腺皮质的功能，所以围绕着这个指标，通过异病同治这一研究途径，沈自尹找到了肾阳虚的初步物质基础，也可以说找到了一个中西医结合点。在1960年全国中西医结合学术交流大会上，沈自尹等人的“同病异治，异病同治”的命题，以肾阳虚具有共同物质基础（尿十七羟值低下）为内容的论文宣读后，全国有七个省市按照这一辨证标准，进行了实验室尿十七羟值的验证，都能重复这一结果。甚至远在日本的高雄病院，根据《肾的研究》一书中所载的研究方法，在17例肾虚病人的实验室指标测定中，也得到相同的结论。这是中西医结合对于中医藏象理论研究的一个重要突破。

然而，藏象专题研究的道路是崎岖的。1962年实行“调整、巩固、充实、提高”的方针后，有些西医和行政干部误解为中医研究的低潮来了，有关中西医结合研究的课题纷纷下马，上海第一医学院参加藏象研究的教研室从10个缩减到4个，而这4个教研室也只是个别人参加。但是，沈自尹和志同道合的学院生化教研室继续合作攻关。他们对肾阳虚本质的探索，都是循现代医学对人体已知结构与已知功能，按逆向思维法，即顺藤摸瓜、追本溯源进行科研设计。他们先是发现肾阳虚者管辖肾上腺皮质的脑垂体功能低下，进而又发现其调节脑垂体的下丘脑功能也紊乱。他们当时采用了能反映下丘脑调节血皮质醇水平的血皮质醇昼夜节律测定，能反映脑垂体储备功能的甲吡酮试验，能兴奋肾上腺皮质的促皮质激素两日静脉滴注试验，对健康人、肾阴虚和肾阳虚病人均作了这样完整的全套测试，以了解下丘脑－垂体－肾上腺皮质轴的全面情况。从三组人群的比较中，得出了肾阳虚病人有下丘脑－垂体－肾上腺皮质轴不同环节（层次）、不同程度功能紊乱的初步结论。这一研究结论在20世纪60年代的世界医学领域是先进的，它使肾阳虚的研究达到可以具体确定病位的水平。

医学理论研究工作的出发点和最终目标是提高医疗效果，没有实践为基础，理论就不容易提高。实践是检验和发展理论的标准，在理论付诸实践的过程中，除了需要严谨的科学态度外，还需要勇气。在医疗上的新尝试，有时会有风险，的确需要拿出敢于承担风险的勇气。1963年，病房里住进一位长期服用激素而成瘾的顽固性哮喘病人，激素的副作用给他带来痛苦，他很想戒掉。不少文献报道撤减激素病死率达10％，而成功率也只有10％左右，并描述这类病人往往在停用激素一个月内，会有哮喘持续性发作甚至死亡。沈自尹根据前一阶段的研究发现，肾阳虚病人有垂体—肾上腺皮质功能低下，温补肾阳中药可提高其功能。长期服用激素者就是因为激素严重抑制了垂体和肾上腺功能，因而离不开激素。补肾法是否也可以用来协助撤减激素呢？由于这位病人对中医缺乏信心，合作较差，并在减激素的过程中仍有几次大发作，他曾激动地对沈自尹说："我的一切都寄托在你的身上了，若有个三长两短，你可得负完全责任。"沈自尹把用中医补肾阳方法既能提高垂体和肾上腺皮质功能，又有利于缓解哮喘的道理详细地向病人说明白，提高其信心以取得合作，同时加大补肾阳中药的剂量，在撤减激素的过程中密切观察，及时加用平喘药。经过近半年的努力，病人服用的激素全部撤去，在以后的一年多时间哮喘也没有发作。这一病例的成功，为以后50％的哮喘病人撤除长期服用的激素提供了经验。因此，从临床实践探索得来的假说——肾阳虚病人有垂体一肾上腺皮质轴功能低下，又在临床的再实践中得到了验证。

1965年，上海市选了3篇论文（沈自尹的《肾的研究》、邝安堃的《阴虚阳虚动物实验模型》、裘德懋的《针刺麻醉在肺切除手术中的应用》）参加国家科委中医中药组成立大会。会后协和医院邀请沈自尹一行去宣读论文。当他踏进协和医院，登上演讲大厅的讲台，看到中西医结合研究成果终于能在我国西医最高殿堂里宣讲时，沈自尹心绪难平，兴奋不已。

20世纪60年代中期后，中医理论研究受到了很大影响。1969年，沈自尹报名参加上海第一医学院组织赴四川山区的祖国医药探索队，到穷乡僻壤、艰苦条件下进行中西医结合的临床探索。这支队伍刚到黔江县冯家坝，就有人来请出诊。沈自尹赶了20公里路到了病人家里，看到病人患的是出血性钩端螺旋体病。当地医生已用遍抗生素、激素，再无计可施。沈自尹在城市里也不曾看到过这种病，只在书本上见过，这个病人不但高热谵语，神志昏沉，全身布满皮下出血点，而且有尿血、鼻衄等多处内部出血，病势危重。扪诊发现腹部饱胀而有阻力，又是数天不大便，舌苔焦黄，脉虽沉但有力，分明是处于中医所说的“阳明腑实证”阶段。既然看准病势，沈自尹就大胆用了大剂量生大黄为主的大承气汤加减。谁知一剂药下去，病人泻出大量黑便，第二天早上已是热退血止，清醒过来。当地立刻传开了：“上海来了高明医生!”于是他获得了“沈高明”的美名。

当时，涪陵邻鄂山区正逢百日咳流行，很多小儿患病。山区缺少西药，且仅有的氯霉素也只对病情早期有效，得尽快想办法解决。于是沈自尹取中、西医理论各自所长，拟定了中草药处方。药物的配伍体现了西医抗菌与中医扶正，镇咳与祛痰的有机结合。他们用大锅汤的方式发药，使患儿得到了及时治疗，90％取得显效，有效地控制了百日咳的流行，得到了涪陵地区政府的通报表彰。由此他发现，中西医结合并不在于数量上的相加、形式上的合作，中西医可以有多种多样的结合方式，但必须提到理论的高度，才有进一步指导实践的意义。

1970年回沪后，沈自尹根据在四川山区用中药治疗急性病的心得，在中西医结合病房陆续以生大黄为主治疗急性胰腺炎和上消化道出血，又以多种中草药按抗生素的配伍协同作用治疗肺炎、急性支气管炎，即现在市售的急支糖浆。这些设计符合客观规律，收到了显著效果，也从大量的实例和数据中，印证了姜春华较早提倡的“辨病与辨证相结合”基础上的中西医结合方式，即取中医理论与西医理论之长进行结合，中西医分阶段结合，药物的中西医结合。虽然辨病与辨证相结合只是临床上如何结合的入门途径，但它之所以被国内中医和中西医结合学者广泛引用于论文与教科书中，是因为它的核心汲取了中西医在诊治病证中各自的长处。

中西医结合研究无前人经验可以借鉴，都要靠自己摸索。沈自尹认为，作出科研设想与具体设计，需要有一种善于汲取中西医的长处和精华并加以有机结合的能力，才能在临床实践中提高疗效，在理论研究上取得一定的进展。这大概就是中西医结合难度高的原因。当他重新开始肾研究的时候，他便从以前动物实验中发现的温补肾阳中药可以减轻外源性激素对动物（大鼠）肾上腺皮质的抑制作用入手，开始了一系列的设想。在肾病综合征患者用大剂量激素治疗的同时，再用温补肾阳中药，却使得出现满月脸的副作用加快、加重，这时他想到大剂量激素在临床上表现为兴奋、失眠、面红、头痛等，是一派阳亢火旺的现象，再加上温补肾阳中药，无疑是火上浇油。这样的设计是有悖于中医理论的，因此需要另行设想。于是，他又按照中医理论，重新设计用生地、知母、生甘草以滋阴泻火。通过大量的动物实验，并和科内同事一起，在他们自己身上作地塞米松抑制试验，证明这一组处方可拮抗激素的负反馈内抑制，对肾上腺皮质具有一定的保护能力。这时他又想到，会不会是这三味药对肾上腺皮质本身具有兴奋作用，因此设计了用生地针剂溶于5%葡萄糖溶液中，模仿促肾上腺皮质激素（ACTH）的兴奋试验，滴注8小时，在自己和另一位医师身上试验。生地的剂量不断加大，一次滴入量相当于250g的生地，滴完后血皮质醇或尿十七羟值没有升高。他不曾想到，ACTH在肾上腺皮质上存在特异而专一的受体，因此有强烈的反应。而植物性中药，即使是单味药，也含有复杂的成分，并具有多方面作用，不能与ACTH相比较，这样的设计也有悖于西医理论，因此没有得到预期的结果。沈自尹认为，通过吸取失败的教训，可以使得中西医结合的构思能力不断得到锻炼和提高。既然滋阴泻火与温补肾阳这两组药性截然相反的药都能保护肾上腺皮质，必然是在不同条件下发挥各自的作用，因为临床观察发现，用激素的早期多是阳亢火旺，而撤停激素时，常会出现怕冷的阳虚症状。通过临床及分阶段的动物实验观察，证明不论其临床辨证如何，用激素的早期，其内在实质是阴虚火旺，而到撤停阶段，其内在实质是阴阳两虚，以阳虚为主，其间转化的过程是阴损及阳。在理论上，结合以前对肾阴、肾阳的研究中，用药过偏可以看到阴、阳症状相互转化时尿十七羟的相应转化，证明阴阳转化也有物质基础，在肾上腺皮质轴上可以体现阴阳互根。这是从肾阴、肾阳动态变化过程中来研究阴阳学说。

沈自尹认为，阴阳学说是哲理的高度概括，具有普遍意义。人体中有很多表现出对立性质的物质存在，固然可以用阴阳概括，但人体的复杂性，难以用一对简单的物质来代表。于是沈自尹试着从哲理的高度，联系临床实际来研究可能会比较符合阴阳学说的原理。垂体一肾上腺皮质轴是内分泌系统中比较典型的通过反馈机制相互制约而达到相对平衡的关系。如阿狄森病由于肾上腺皮质的破坏，失去了对垂体的制约能力，致使垂体分泌大量的 ACTH。联想到肾阳虚病人肾上腺皮质功能低，却没有皮肤色素沉着，沈自尹采用了间接观察垂体储备功能的甲吡酮试验，并首次在国内用放射免疫法直接测定血浆 ACTH 浓度，结果证明肾阳虚病人与阿狄森病人不同，其 ACTH 浓度明显偏低，说明肾上腺皮质与垂体功能是处于一个低水平（低阈值）的平衡。这一发现可以联系到中医很早就注意到的阴阳低阈平衡现象，如阴阳两虚、气血两虚。阴阳学说里调节阴阳是“以平为期”，但这里的“平”理应包括将低水平的平衡提高到正常水平的平衡。因此，沈自尹1979年提出“阴阳常阈调节论”，立足于提高人体内固有的调节能力（其实这时已开始感觉到垂体－肾上腺皮质轴低水平的平衡是源于下丘脑的调节能力减退），按阴阳学说来指导调节体内对立的双方，使之不但平衡（低水平的平衡仍属病理现象），而且达到正常阈值（正常水平的平衡才属生理状态）。

20世纪六七十年代，虽说是鼓励西医学习中医、研究中医、中西医结合，但主要是“一根针、一把草、一双手”。所谓中西医结合，只是把一些中医和西医单位进行形式上的合并。所以1976年以后，大家都已隐隐地感觉到，中西医结合光靠临床实践、病例分析，而没有理论上的中西医结合研究，很难深入下去。只有下苦工夫，把中西医结合的理论研究推向更高的层次，并用以指导临床，才能更好地带动治则、治法、方药的研究。

以前发现，肾阳虚病人肾上腺皮质功能低下，是起源于垂体，进而又追溯到下丘脑，这是不自觉地运用逆向思维法而获得的认识。因此当得到肾阳虚病人有下丘脑—垂体—肾上腺皮质轴功能紊乱这一初步结论之后，沈自尹就已在酝酿垂体所属的另外两个轴的研究，因为这样可以更全面地逆向追溯到肾阳虚的病理发源地是否在下丘脑。1979年起，通过对肾阳虚患者的下丘脑—垂体所辖甲状腺、性腺、肾上腺皮质轴这三条内分泌轴进行全套功能测定和治疗前后分析比较，并同时与同病异证的无肾阳虚患者进行对比观察，经过3年多有计划、有步骤的研究，结果证明肾阳虚患者在这三条轴的不同水平上，都有不同程度的紊乱。而且正是运用逆向思维的方法，推断肾阳虚的主要病理改变可能在下丘脑（或更高中枢）。肾阳虚证患者这三个内分泌轴上的功能紊乱尚未能达到“病”的诊断标准，只属于一种隐潜性变化。

由于五脏病理变化表现在临床上亦属于“证”的范畴，故肾的研究自然而然亦进入“证”本质的研究。“证”是中医学的一个特殊概念，不同的证反映人体不同的病理状态。从1982年起，沈自尹进一步采用受体分子水平的检测方法来研究，发现补肾阳中药确能作用于下丘脑的双氢睾酮受体，提高其亲和力，因此也就从理论上证实“肾阳虚证”的病理主要在下丘脑（或更高中枢）。

肾的研究从肾上腺皮质这一条内分泌轴扩展到甲状腺和性腺这三条轴的功能研究，是在西医理论的指导下，向纵深发展的结果。沈自尹将40～50岁的肾阳虚患者与70岁左右的健康老年人进行了甲状腺与性腺轴内分泌功能的比较，发现测定结果极为相似，临床表现亦有共同之处，如腰酸、膝软、耳鸣、脱发、齿摇、阳痿等。临床表现与内分泌测定相平行，反映了肾阳虚患者存在着一定程度的未老先衰，而老年人则是符合生理规律的肾虚。沈自尹将老年人出现的“肾虚”称之为“生理性肾虚”。由于肾阳虚证微观变化的探索结果和此前的大量工作积累，临床上见到腰酸、膝软、耳鸣、脱发、齿摇、阳痿等肾阳虚证表现时，就可预测到下丘脑的衰老钟调节功能已提前衰退，显示了微观辨证的实际意义。又由于采用温补肾阳药在一定程度上可以改善内分泌功能，为中医补肾阳药可以延缓衰老、延年益寿的说法找到了科学的依据。

在中西医结合研究过程中，沈自尹发现在完全正常的健康人和西医诊断的病人之间，存在着一片很大的空白区。这一人群虽有这样那样的症状，但按西医看是“无病可认”，因为还够不上任何疾病或综合征的诊断标准；在中医看来，却是“有证可辨”，也“有药可治”。通过辨证微观化研究，可以揭示许多已知结构的未知功能，以及隐潜性变化；结合微观辨证所得的认识而进行诊治，常可收到西医所不及的效果，因为还有隐潜性的“证”存在。

沈自尹对支气管哮喘的防治和研究已有20多年，主要是按照明清以来的中医治疗理论，“发时治肺，未发治肾”，说明几百年前中医通过以方药测证，已发现补肾药对哮喘可起到预防发作的作用。这也是“上工治未病”的最好例子。根据对十批哮喘病人采用温补肾阳法预防其季节性发作的显效率统计，证实其疗效远比对照组（包括空白片和小青龙汤治标药）为优，每批都能重复得出这一结果。当对病人作内分泌研究时发现，哮喘病人即使无肾虚的证候，其肾上腺皮质也有类似肾阳虚的隐潜性变化，也就是说具有隐潜性肾阳虚证。进一步的免疫研究证明，温补肾阳药是通过提高抑制性T细胞功能来抑制免疫球蛋白E，这是有效的免疫调控，从而使哮喘减少或预防其发作。输尿管结石，中医认为是热灼津液而成。从结石嵌顿以至形成肾积水，中医从外象及宏观上不一定能辨证。当采用微观手段测知肾积水后，59％的病人在临床上已出现阳虚之象，如怕冷、夜尿多、面目虚浮等。当然，并非每个病人都出现上述症状，而且并非都具有典型的肾阳虚证。但中医对水液之积聚形成一向有独到的认识，认为其产生的原因是由于阳气不足，不能温化水液之故。沈自尹在100例输尿管结石嵌顿性肾积水病人中，采用温肾利水法，获得71％的治愈率。

如果哮喘病人通过微观检测，诊断出轻微的或潜在的肾上腺皮质功能低下，用温补肾阳药可预防其季节性发作，并纠正其内分泌与免疫功能，因而认为是隐潜性肾阳虚者；输尿管结石嵌顿性肾积水症，由于微观检测有水液积聚，肾功能受损，用温阳利水法可排石消水，亦可考虑属于隐潜性肾阳虚者。那么，微观辨证与辨证微观化的研究加上药物验证，就可用以阐明“证”的本质。当然，微观辨证并不能取代宏观辨证，而是弥补宏观辨证用肉眼来观察事物之不足，因此不仅是对宏观辨证的发展，还提高了临床辨证的水平。具体的应用仍然要将微观辨证和宏观辨证有机结合，出现不一致的表现时，也要善于取舍。其实这就是辨病与辨证相结合在认识上的一次飞跃与发展。这样不断深入地研究以及更广泛地应用于临床，明显地展现出中西医结合的广阔的发展前景。

调整思路建网络系统

20 世纪 80 年代中期，沈自尹的研究工作有两次大的思路调整。一次是从藏象本质（肾本质）研究转入证本质（肾阳虚证）研究。“证”者证据，如司法凭证据判案，中医凭证而论治。“证”是中医辨证论治的基础，也是中医理论的精华所在。从临床对五脏中的肾进行研究，必须通过辨证来表现，故而自然而然也会进入“证”本质研究。另一次是从脏腑辨证转入“方剂辨证”（以方药测证）。沈自尹 20 世纪 80 年代中期以前的研究，主要从脏腑辨证入手。脏腑辨证是藏象辨别，就是按《黄帝内经》所说“藏（脏）居于内，形见于外”，从病人的外象来推论证。方剂辨证是遵循张仲景《伤寒论》中“有是证用是方（汤）”的原则，从证效关系来辨别辨证正确与否，有治疗性验证之意。方剂辨证有利于“证”本质的研究，从此开始了“以药测证”来研究证的本质。

脏腑辨证须从人体所表现的证候外象入手，因此研究对象都是人。人体研究取实验材料有所限制。以前的研究认为，肾阳虚证的病理发源地在下丘脑，只能是推论而已。为验证下丘脑是否为调控中心，不得不用动物模型。

20 世纪 80 年代起，沈自尹观察到温补肾阳的补肾益寿片对老年补肾组（人）的血清睾酮有明显提高作用，而用四君子汤的老年健脾组则无此作用。进一步给老龄大鼠用补肾益寿汤，治疗前后比较（特取材于下丘脑），老龄补肾大鼠下丘脑中双氢睾酮受体的亲和力较之同为 24 个月龄的对照大鼠有显著的提高。这项药物验证的对比研究说明，补肾药可直接作用于下丘脑，并成为肾阳虚定位研究的重要证据之一。

下丘脑是机体重要的整合中枢，也是神经—内分泌系统与免疫系统联结的枢纽，有人称之为神经—内分泌—免疫网络中枢。Basedovsky 提出著名的“神经—内分泌—免疫网络”（即 NEI 网络）学说，将过去认为各司其职的神经、内分泌、免疫三个系统看成了一个完整的相互作用的网络系统，这是现代医学从局部观点到整体观念的一大发展和进步，当时已成为国际上的研究热点之一，但还缺少调节 NEI 网络的手段。20 世纪 90 年代起，沈自尹以外源性皮质酮造成大鼠下丘脑—垂体—肾上腺—胸腺（HPAT）轴功能抑制模型（亦是 NEI 网络受抑模型）以模拟“肾阳虚”做实验，观察到温补肾阳的右归饮能有效改善 HPAT 轴的功能，尤其是下丘脑的促肾上腺皮质激素释放激素（CRH）神经元和神经纤维，故选用右归饮主药附子的主要成分乌头碱，以观察正常大鼠下丘脑 CRH 的形态与功能的变化。结果显示，乌头碱可使下丘脑室旁核与正中隆起的 CRH 含量明显增加，同时亦见到 CRH 神经元与神经纤维明显增加。这说明温肾药可直接作用于下丘脑，调节 NEI 网络，并成为肾阳虚定位研究的重要证据之一。

之后，沈自尹采用三类复方（补肾、健脾、活血）在皮质酮大鼠模型上做实验，观察到三个药物组治疗后，唯有补肾药能明显地提高已受抑的下丘脑 CRHmRNA 的表达量，从而调节改善了 HPAT 轴的受抑状态，至此可以证明肾阳虚证的主要调节点定位在下丘脑，从而攻克了这个难点。其“思路”可归纳为：认识到证是功能态，不企望找到一个和西医直觉的、解剖的、形态的相对应的脏器或组织，而在于找到调节失衡的部位与治疗的调节点；对肾阳虚证进行功能定位，其“方法”是从临床（疗效）到实验（动物）到药物（验证），成为一项系统的研究；汲取近现代科学发展的先进学术思想和手段，如神经－内分泌－免疫学说、激素－受体－基因激活机制，使肾阳虚证的研究从定性、定量到定位，得到逐步的阐明。

要具体地揭示中医“肾”或“证”的本质，可能需要几代人的努力。肾阳虚证的主要调节点定位在下丘脑这一论点，似与“肾”为人体各脏腑的调节中心有所契合，亦符合以中医药理论为指导、兼容中西医结合的思路而得到的成果。目前，虽然离揭示肾阳虚证的全部本质还很远，但沈自尹相信，只要认准目标，执著追求，一步一个脚印地积累，就会对中医基础理论研究有所发展。

沈自尹认为，“肾”或“证”的研究对象虽然是古老的传统医学内容，但研究的方法必须赶上时代的节奏，否则难以跻身世界先进行列。21 世纪是基因组时代，也是生命科学世纪，我国和欧美发达国家相比，对于人类基因组 DNA 全序列的测定起步比较晚。基因测序是通常所称的“结构基因组学”方法，随之而来的是更为艰巨而复杂的“功能基因组学”时代，能用改变基因结构进行治疗的单基因遗传病人不到人口的 1%，其余 99%病患属于多基因病，不是用改变结构的基因治疗所能奏效的，何况基因治疗并不成熟，因此对疾病的防治都将从基因的功能着手。中医的优势在于擅长功能调节，并能对功能基因进行调控，比西医领先一步。

现今生命科学最热门的三大研究领域是基因组、细胞凋亡、细胞信号传导。1996 年，免疫衰老权威 Miller 在《科学》杂志上提出衰老可能与 T 细胞凋亡的加速有关。1997 年，意大利与瑞士学者分别在老年鼠和老年人身上观察到过度的 T 细胞凋亡，但尚未提出对 T 细胞凋亡的调控手段。当时沈自尹就意识到，从 T 细胞凋亡的角度研究补肾延缓衰老是一个重要的切入口。1997年，沈自尹当选为中国科学院院士，这是学者的最高荣誉。如果说20世纪下半叶关于“肾”或“证”本质的研究还属于科学论证阶段，那么，他从1997年起，开始进入创新发展阶段，即将肾本质的研究与延缓衰老联系起来。具体地说，是将肾虚与衰老从微观的分子水平进行研究。令人敬佩的是，沈自尹从70岁才开始涉足分子生物学这个陌生的学科领域。

1997年开始，沈自尹先对老年人和老年大鼠与年轻人及大鼠相比较，发现的确存在T细胞过度凋亡。沈自尹采用补肾、健脾、活血复方分别对老年人、老年大鼠（衰老模型）以及皮质酮大鼠（肾阳虚证模型）的T细胞凋亡及其相关基因调控模式进行了对比研究。他观察到凡是补肾复方治疗的老年（人及大鼠）组与皮质酮鼠组的T细胞凋亡率，都比健脾、活血复方组以及未服药的对照组明显降低，并接近年轻组的细胞凋亡水平。同时补肾复方都能够使老年（人及大鼠）组与皮质酮鼠组的促凋亡基因表达下调，抗凋亡基因表达上调。除了单基因遗传病，基因是不能单独发挥作用的，基因的活动涉及基因组一群基因形成大、小网络协同活动，基因间的相互作用是一种网状式的调节，即牵一发而动全身式的调节。基因网络还存在着互相对立又互相依赖的对子，其中某一个基因的功能衰退或亢进，必然引起平衡失调，衰老、疾病、证候都是不同层次的基因网络失衡。人体本来有强大的调节能力，一旦自身不能克服这种不平衡，就不得不依赖药物等治疗手段。以上结果表明，补肾复方对老年和肾虚证（人和鼠）在T细胞凋亡及相关基因群的调控方面具有基本一致的模式，就是产生使高表达的促凋亡基因表达下调及低表达的抗凋亡基因表达上调的协同作用，重调基因平衡，从而逆转了衰老和肾阳虚证T细胞过度凋亡的趋势，恢复内环境稳态。补肾能延缓免疫衰老。从单个基因到基因群的调控研究，为下一步的“肾虚证基因表达谱的研究”奠定了基础。

整体观是中医理论的精髓，沈自尹逐渐认识到，在分子生物学水平上人体是若干大大小小的分子网络联系成的一个功能整体。他在新的当代科学背景下，用研究实例揭示了中医“证”的分子网络新概念。

1997 年 Basedovsky 提出著名的“神经－内分泌－免疫网络”（即 NEI 网络）学说，从淋巴细胞可分泌脑啡肽、ACTH 这些免疫递质和免疫激素这一事实，认为淋巴细胞似一“漂移的大脑”在体内巡游，可感受不能直接被中枢感知的刺激，如细菌、肿瘤、病毒等，通过分泌免疫递质和免疫激素，将信息传递给神经－内分泌系统。同样，神经－内分泌系统在感受心理（如情绪）、化学、物理等刺激后，将各种递质、激素、神经肽传递给免疫细胞，这样，神经、内分泌、免疫三个系统已不是过去认为的彼此不相干、各司其功能、各掌其职，而是构成了一个完整的相互作用的网络系统。这种观点已有别于 Virshow 细胞病理学的局部观点，是具有复杂庞大的调控机构与高度整体观的学说。之后，相继有人提出各个层次中、小型的免疫网络调节系统，如分子调控网络、细胞因子调控网络等。其实，人体就是由大大小小的网络所构成，无论哪一种网络都存在着相互对立和相互依赖的成分以及反馈的效应，因此网络的调控才有可能，才能构筑成一个有序的高级结构。

中医药的优势在于整体协调，通过多层次、多环节、多途径的调节，使得网络调控总效应对中药的应答沿着一个方向进行，同时在“证”的动物模型建立的基因表达谱上，观察到以药测证后的基因网络调控路线图谱。为此，2002年，沈自尹首先开始“证”的基因表达谱研究。

由于肾虚和衰老无论从中医理论还是实验研究都具有相同的内涵，故取 26 个月龄的老年大鼠复制肾虚模型，与 4 个月龄的年轻大鼠以及老年大鼠补肾药治疗组（也就是以药测证组）进行比较。实验方法是：将各组大鼠与肾虚证相关的组织（如下丘脑、垂体、肾上腺、淋巴细胞、骨骼、肝、肾等）取出来，分别提取 RNA，和点有成千上万个基因的芯片进行核苷酸互补的分子杂交所形成的基因表达谱作比较。根据各组每个组织基因表达谱之间的比较，以及各组间全部组织的比较，可以发现哪些基因由于药物作用激活而成倍地上调或下调。这样大系列由基因芯片技术形成的基因表达谱研究重复进行了两遍，最后从综合归纳结果可以看到：老年大鼠和青年大鼠的差异比较中，其神经－内分泌－免疫和神经－内分泌－骨代谢这两大基因网络路线明显处于衰退状态；而老年大鼠补肾治疗组和老年大鼠对照组的差异比较中，这两大基因网络路线则处于高度激活状态。这说明补肾药能纠正肾虚证模型存在的两大基因网络紊乱。从另一角度也可认为，肾在生理状态时主要执掌这两大基因网络调控的路线及规律。这样，以药测证对肾虚证的研究就进入到生命科学的范畴。由此沈自尹提出了“证”的新概念：“证是一种有机综合的功能态，由一个调控中心及其所属众多分子网络所构成，作为对外界反应与自我调节的基础。”

从 2002 年开始，沈自尹又率先在国内倡导用系统生物学的原理研究中医基础理论。他认为中医的“证”不仅具有整体观特征，而且具有动态性、涌现性等系统生物学特征，因而再次将“证”的研究推向科学前沿。

15 世纪下半叶以来，还原论的研究方法主宰了现代科学的众多领域，生物学和医学汲取了分析研究的实验方法，对生物从整体到器官、组织、细胞，不断细分到分子水平。从唯物的历史观来看，这是时代的需要，在深入的、细节的考察方面，它比古代笼统的整体观是一个进步。20世纪由于生产力的巨大发展，出现了许多大型、复杂的工程技术，都要求从整体上加以解决，系统科学便应运而生了，故出现了系统论、控制论、信息论。20世纪末，人类基因组计划宣告，要从整体上来测定DNA序列，这和随后发展的各种组学技术把生物学带入了系统生物学时代。

系统科学除了整体观，还有一个重要特点，即把若干组分按照某种方式整合成为一个系统，就会产生这些组分单纯相加所没有的新东西，而一旦把系统分解还原为各个组分，这新东西便不复存在。系统科学把这种整体才具有而孤立的组分及其总和不具有的特性称为整体涌现性。例如单个分子没有温度，大量分子聚集为热力学系统，就具有用温度表示的整体属性。一台安装好的机器具有它的零件总和所没有的功能。系统科学是探索整体涌现性发生的条件、机制和规律。

尽管还原论强调，为了认识整体必须首先认识部分，只有把部分弄清楚才可能真正把握整体。这种首先把系统分解为部分，用部分说明整体的方法，对于处理比较简单的系统一般是有效的。但现在面临的是大量复杂系统问题。人体是一个非线性复杂的巨系统，生命活动又是处于不断动态变化之中，这种把部分的认识累加起来的研究方法，已不适宜去发现整体涌现性，故必须以系统论和还原论相结合的复杂性科学方法来研究。

在肾虚证的分子网络调控路线图研究中，沈自尹从动物的整体着手，通过以药测证的动态干预，对各个层次的大小网络进行合理的整合，正是按照系统生物学“整体、动态、层次、整合”的要点，使得基因网络的活动过渡到生物学功能，从而出现了一些单个系统所不能反映的涌现性行为，体现了系统生物学的特征。

系统生物学的另一个特征是采用基因组学、蛋白质组学、代谢组学等研究所获得生命活动过程中的信息，通过数学建模，并赋予预测的功能。因为数学能将生命活动过程定量化，故系统生物学的研究需要跨学科的合作。沈自尹开始应用类似人脑辨析思维的“神经网络”以及非线性动力学的理论和方法，对不同年龄的健康人和不同月龄的大鼠，通过高通量的实验方法，比较基因组学、代谢组学信息的整合，建立肾虚证数学模型，寻找肾气盛衰的规律。“证”的研究路子越走越宽，他由此深深地体会到，中医药现代化和国际化必须从符合整体观的科学前沿的学术思想和方法寻找突破的切入点。

沈自尹半个多世纪的中西医结合研究历程有一个重要的特点，就是他不仅有很多重要的具体发现，而且总是站在理论的高度，把实验素材及时总结、提炼和升华成一般性原则。这些原则包括“同病异治、异病同治”、“辨病与辨证相结合”、“微观辨证与宏观辨证相结合”。反过来，他又用这些原则有力地指导了中医和中西医结合的临床疗效提高和科学研究。中西医结合是一个没有经验可循的崭新领域，沈自尹总结提炼的这些原则来自于他大量的临床实践和实验研究，具有强大的论证力量，构筑了中西医结合学科的一些基础框架。这是沈自尹重要的开拓性贡献，推动了该学科的产生和发展。

沈自尹提出的第一个中西医结合基本原则是“同病异治、异病同治”。中医学源于华夏文明。春秋战国时期，诸子百家争鸣，各种学术思想蜂起，具有朴素唯物辩证法思想的哲学观点向医学渗透，使医学从唯心论的神学中解脱出来。《黄帝内经》的编著，建立了中医学富于哲理的理论体系，几千年来有效地指导着临床实践，因此中医论述诊治与现代医学大不相同。沈自尹在肾的研究课题中注意到一个问题，即六种全然不同的疾病在某个阶段都有肾虚证时，都可采用补肾法而提高疗效。“异病”既然可以“同治”，必有其共同的物质基础。研究发现，凡是肾阳虚证的病人，其尿十七羟值都很低，因此找到肾阳虚的初步物质基础，也可以说找到了一个中西医的结合点。

沈自尹在四川山区针对百日咳流行，按照中、西医理论各自所长，将西医抗菌原理与中医扶正、镇咳、祛痰原则相配合；针对急性胰腺炎和上消化道出血，按中医“六腑以通为用”的原则，施以大黄为主的方药治疗；对肺炎，按西医“抗生素合理配伍”的思路，将五种中草药合用进行治疗，都取得了很好的效果。沈自尹总结这些经验，写成《中西医结合的初步途径是辨病与辨证相结合》一文，发表在1973年的《新医药杂志》上，他还受邀在全军中西医结合大会上作专题报告。从沈自尹辨证与辨病相结合的具体实例可以看出，他提出的辨病不仅是要根据现代医学辨出疾病的病名，而且要搞清该病的病理生理，这样才能结合中医辨证的优势，做到“各取所长，优势互补”。

中医有过解剖，但并不长于解剖，故对人体的观察是以外象推证，以方药测证。宏观辨证具有鲜明的整体观念，讲究内外环境的统一性，比之西医的局部观点，有明显的优越性。其不足之处在于，人体内在病变不一定都会在外表显露出来，“证”的症状有时全部显露，甚为典型，有时部分表现而不易辨识，有时还潜伏着，要到一定的阶段才表现出来。沈自尹通过“肾”本质的研究领悟到，微观辨证可以弥补宏观辨证用肉眼来观察事物方法之不足，可以拓宽中医辨证的范畴。将微观辨证和宏观辨证作有机的结合，必定会提高识病治病的水平。所以，将微观辨证与宏观辨证相结合是辨病和辨证相结合的一次飞跃和突破。他把大量的临床和科研相关资料以《微观辨证和辨证微观化》命题总结成文，在1985年第二届全国中西医结合会员代表大会暨学术讨论会上作专题发言。该论文发表在1986年《中西医结合杂志》上。这一方法论的提出，引起了国内同行的共鸣。1987年，《中西医结合杂志》编辑部为此组织了专题讨论，对深化中西医结合起到了推动作用。

勤求古训又推陈出新

沈自尹本是西医出身，后来学习中医，能从现代医学角度观察传统中医，已是难能可贵的事情。令人惊异的是，他的中医功底非常深厚，不仅对中医经典烂熟于心，而且熟悉许多今天大学教材中没有介绍的中草药。他深厚的中医功底源于他青年时代刻苦学习中医。他做人做事认真执著，师古而不泥古，不断有创新发明。他的中医临床诊疗风格可概括为：勤求古训而又推陈出新，博采众方而又注重实效，汇通中西而又与时俱进。

沈自尹给研究生讲课时说，勤求古训就是要深入学习古代医家的论述，通晓医理，在临床处理病人时，体现出的就是辨证论治的水平。勤求古训，广泛涉猎，善于归纳抽象，才能得出好的辨证结果，并且能促进论治上的构思水平。他还说，一个好的中医处方，如同优美的音乐旋律或好的绘画，都是作者独特的构思加上表现技巧而形成的。“医者意也”，这个“意”，就是指构思。沈自尹对中医理论的理解有自己的鲜明特点，他力求搞懂中医经典理论的精髓和本质，并在实践和科学研究中检验、总结和升华。他早年写的文章《从垂体—肾上腺轴讨论阴阳常阈调节论》，是对中医阴阳学说的深度阐释。在对中医学“肾”的研究中，他逐步发现以下事实：各种疾病，按照中医辨证标准，凡是符合“肾阳虚”条件的病人，他们的肾上腺皮质功能（由 24 小时尿十七羟测定来反映），80％～90％是低于正常的。“肾阳虚”病人肾上腺皮质功能偏低，根据肾上腺和垂体相互制约的反馈关系，按理应该由垂体分泌大量的 ACTH 来提高肾上腺皮质功能以达到新的平衡，但对“肾阳虚”病人进一步的多种检查(采用 ACTH 两日静脉滴注兴奋试验，间接观察垂体功能，Su－4885 探测垂体储备功能试验，直接用放射免疫法测定血浆 ACTH 浓度)发现，“肾阳虚”病人的垂体并没有大量分泌 ACTH，相反，其功能是低下的。这说明“肾阳虚”病人的垂体与肾上腺的分泌功能都是低下的，两者之间虽然处于平衡，但是处于一个低水平的平衡。这与一种称为阿狄森病的内分泌疾病截然不同。阿狄森病病人的肾上腺皮质已毁坏 90％以上，由于毁坏太多无法复原，失去了对垂体的制约能力，于是垂体分泌大量的 ACTH，因此，垂体和肾上腺皮质的关系是完全不平衡的。

中医所说的阴阳对立而统一的状态，一旦有偏胜，就会“阳胜则阴病，阴胜则阳病”，“阳盛耗阴，阴盛耗阳”，“阳损及阴，阴损及阳”。阴阳一方的偏胜或偏衰在病久以后，必然要或多或少地影响到另一方，故而若因看到“肾阳虚”，而单用温热药扶植一面，往往会因温热药太过而消耗体内原已不足之阴。阴虚又会因过用泻火药而转为阳虚。因为阴中有阳、阳中有阴，故治阳要顾阴，治阴要顾阳，就是在充分补阴的基础上温补肾阳，才能使阴阳两方面基础同时提高。明代张景岳创制的左归饮（育阴以涵阳）、右归饮（扶阳以配阴），就是一个最好的范例。沈自尹用温补肾阳法（扶阳以配阴的右归饮）治疗“肾阳虚”病人（ACTH试验呈延迟反应者）17例，结果不但不再出现阴阳偏胜偏衰现象，而且疾病症状缓解。复查15例，ACTH兴奋试验由不正常转为正常，说明垂体与肾上腺皮质低水平的平衡只能由正确的阴阳调节治法而获得纠正。

根据以上垂体一肾上腺皮质轴关系中所见事实，“肾阳虚”病人的垂体与肾上腺皮质功能处于一个低水平的平衡。而这种状况貌似平衡，实质上仍属病态。只有达到生理水平的平衡，才能称为健康。而温补肾阳法（通过 ACTH 兴奋试验等来观察）可以纠正这种低水平的平衡。沈自尹由此而提出垂体－肾上腺皮质轴的阴阳常阈调节论。阴阳常阈调节论有重要的理论意义。该理论认为，人体是一个复杂的有机体，各个脏腑器官之间处于动态变化的关系中，但是有强力的神经体液调节，使它们处于相对平衡的状态。垂体与肾上腺皮质可以处于低水平的平衡，这虽不影响生命，但并不健康。平衡是维持生命的手段，达到常阈才是健康的特征。因此，在治病时，不能以低水平的暂时平衡为满足，更不能被症状缓解（内部仍处于不平衡，或失去了固有的调节能力）而迷惑。人类在进化过程中，获得了固有的包括维持机体与外环境的统一、维持生命过程对立统一的调节能力，垂体－肾上腺皮质轴（受到下丘脑的调节）是其中重要的调节能力之一。阴阳常阈调节论的立论点就是这种调节能力。沈自尹认为应尽一切力量来保护与提高这种调节能力，尽一切力量来避免损害这种调节能力。沈自尹对阴阳常阈调节的理解和发挥，是用具体的临床实践来解释调节阴阳、以平为期的中医观点，并且强调要达到常阈，这是新的创见。由于阴阳学说具有普遍的意义，渗透在中医的各个方面，因此常阈调节论也就非常重要。

沈自尹对中医的整体观也是格外推崇，认为这是中医学理论体系最重要的特色之一。他总结了大量的临床实践和科研成果，提出“调节整体，改善局部”是中医治疗疾病的重要方式和特点。下丘脑－垂体－肾上腺皮质（HPA）轴功能在某些疾病过程中所具有的重要作用很少被人们注意到，也未曾见有用药物提高 HPA 轴功能，从而改善某些疾病预后的报道。他的研究发现，哮喘即使无肾虚时，肾上腺皮质功能也已受影响，而发展至肾阳虚时，HPA 轴功能已明显减退。此两型患者经补肾后，HPA 轴功能均恢复正常，说明补肾可改善 HPA 轴功能，由此能预防哮喘季节性发作。采用补肾法，通过改善 HPA 轴功能，应用于激素依赖型哮喘和儿童肾病综合征，也显著提高了疗效。用中药治疗这些疾病之所以能获得好的疗效，是由于具有一个共同的特点，就是补肾方药是作用于下丘脑－垂体－肾上腺皮质轴，调整神经－内分泌功能，但发挥的作用却在局部。如哮喘的控制、肾病综合征的改善。他认为，自 15 世纪下半叶以来，还原论主宰了现代科学的众多领域，生物学和医学就是按照还原论，从整体到器官、组织、细胞，不断细分到分子水平，但却远离了整体。故而历来都认为，是局部病变影响到整体机能状态。当局部病变得以控制，整体的病态反应会自然消退。但亦有整体病变不消退，反过来对疾病产生负面影响，并继续危害机体。后一种情况一般不会被以治疗局部为己任的医师所注意，因为他们缺乏对整体进行调节的手段。

古代中国和古希腊都用自发的系统概念考察自然现象，从整体角度说明部分与整体的关系。中医的“证”就是一种反映整体的有机综合的功能态。即使是一个局部的病变，中医“辨证”都要结合全身的情况来考虑，因为整体机能状态也可以影响局部的病理改变。这是和现代医学在诊治观念和采取的诊治路线上存在的最大区别。如果中西医能在整体和局部观念上互补，也就是把还原论和整体论结合起来，立论于“宏观与微观结合、整体和局部并重”，就能避免弊端，提高疗效。从沈自尹对中医阴阳常阈调节、中医整体观治疗疾病的发挥可以看出，他对中医理论的理解深刻，并能将其同现代科学技术和科学理论联系起来。沈自尹在阐释这些中医理论的时候，总是从自己亲历的大量临床和科研实践出发，不空谈。他这种坚持发扬中医理论特色、从实际出发的态度，给后人以很大的启发。

中医古籍，浩如烟海，对同一个疾病，历代医家都有发挥，处方用药就更加丰富多样，确是千方易得。沈自尹在跟随姜春华学习中医时，就从老师那里学到了一种归纳的方法，即学习《外台秘要》、《千金方》时，对每一种病证的用药加以归纳，从出现频率较高的主药中求实效，理解治病的真谛，这就是博采众方。在跟随姜春华老师学习中医时，沈自尹看到老师用巴豆为主的巴漆丸治疗肝硬化腹水，用砒矾丸治疗哮喘，均取得了好的效果。老师的博采众方，让他看到了中医的疗效和科学性，使他懂得要广泛地向古今中医学习。后来他自己在临床中，也注重观察中医的诊治疗效。如1969年去四川山区时，应用中医治疗百日咳；1970年返沪后，利用大黄治疗急性胰腺炎和上消化道出血等。他喜欢读书，并勤于做笔记。他有一个小本子，上面记载了很多有实效的处方，包括民间验方，他称为参考方。在临证过程中，如有用得上的，即可随时取用。这些都充分体现了沈自尹坚持博采众方，虚心学习别人经验，重理论更重实效的求实作风。有一个病例是很好的印证。徐某，男，45岁，两年前吃海鲜并饮酒后，全身皮肤瘙痒，且有大片出血斑点，见热即发，每晚睡觉之时，瘙痒难耐，经年累月，极为痛苦。西医诊断为“湿疹样皮炎”，使用糖皮质激素强的松治疗，瘙痒立即停止，然一旦停药，瘙痒迅速复发。患者已出现应用激素的副作用，如满月脸、水牛背。就诊时患者头面、四肢、全身遍布皮疹，疹色暗红，舌苔薄，脉弦。沈自尹拿出参考方，用土茯苓30g，制首乌9g，威灵仙9g，徐长卿15g，甘草9g，苦参9g，白鲜皮9g，地肤子9g，随证加减。服14剂后，患者诉有效。原方加生地黄，续进14剂，皮疹范围缩小。服两月后，全身皮疹基本消退，激素完全停止使用。因患者不能控制饮食，再次饮酒而发作，进前方再次缓解。患者询问沈自尹，为何要加用制首乌、徐长卿及威灵仙。他说，这几味药在本草中虽有治疗皮肤病的记载，但药物功效主要不在皮肤，这是一个验方，对过敏有较好效果，因此常留于身边，可随时取用。由此可见，他治病注重实效，重视民间验方。他平时用药精当，积累了大量的经验，因此临床疗效非常显著。如重用黄芪治疗蛋白尿；病人咳嗽，痰在深处，则用枳实；胃病常用蒲公英、白花蛇舌草等。他用中医诊治始终本着求真务实的精神，有时候，患者求治，他若认为中医药治疗的疗效可能有限，就会直接告诉患者，中药在这方面效果不是很好，可以找其他专家看看。他虽然热爱中医、研究中医，但也常常能跳出中医外，以科学家和医学家的严谨来看待他所从事的事业。

他博采众方还包括向现代医学学习，并吸收中医药的最新研究成果。他用药选药之时，常能将中药的传统理论和现代药理研究结合起来，并且要求选用之药要和传统中药药性理论相互契合。如根据现代药理学研究，垂盆草能降低转氨酶，保护肝功能，只要与辨证不相冲突，即可使用；只要 HPA 轴功能有障碍，就使用淫羊藿。应用现代研究成果的例子不胜枚举。他的门诊有许多慢性肝炎患者，已患病多年，病毒滴度较高，有的甚至有肝功能异常，他每依据中医辨证，结合现代药理研究，取得较好的疗效，有的患者病毒水平得以有效控制。如杨某，女，51 岁，“小三阳”，血清乙肝病毒拷贝数为每毫升一百万拷贝，诉肝区略有不适。他处以清热解毒、疏肝祛湿，兼以活血健脾为治。若有肝功能异常，加垂盆草；对于板蓝根、苦参、虎杖等抗病毒药物，则轮换使用，以免耐药。以上方经过两年的治疗，患者复查乙肝病毒拷贝数，降为每毫升一千拷贝，患者精神、饮食佳，无不适。

沈自尹是中西医结合专家，他的所思所想都是如何进行中西医结合，他临床上的主要特点，也是中西医相互取长补短、有机结合。当下有些即使不懂中医中药的西医师，也会开出中成药处方，而病人既找西医看病，同时又找中医开药。这种普遍存在的现象，只能说是中西医药简单地相加，而不能称为“中西医结合”。中医看病讲究辨证论治，先是辨别不同的证，而后给予相应的诊断和治疗。中医的辨证从症状着手，分析症状的部位、原因和性质，能归纳出比症状更接近于疾病本质的“证”。因此，它有别于见痰治痰、见血止血、见热退热的对症治疗。中医也有病的名称，如痢疾、消渴、黄疸等，但中医认识疾病基本上是从证入手。西医看病是对症状和病史进行分析，辅以体格检查和实验室检查，再确定病位、病因，然后给予相应的诊断和治疗。辨病是西医所长。中医和西医是从人体的不同侧面来认识疾病本质的，因此采用辨病与辨证相结合，正是取中西医各自之长。

沈自尹提出的中西医“辨证与辨病相结合”基本原则，现在已广泛地被业内人士接受和应用。但其具体的内涵，与一般医生的理解并不一样。有些医生以为中医辨证加上西医辨病就是辨证与辨病相结合，这也是现在中西医结合教科书广泛采用的一种观点。西医的一个病，又分几个症型。沈自尹认为，“辨证与辨病相结合”应该是一种有机结合。如何能做到有机的结合呢？关键在两点：一是西医辨病，并不仅仅指诊断为何种疾病，重点是要辨别疾病的病理生理；二是中医辨证，重点是要掌握古人论述中可以落在实处、真正起到疗效的地方。如对于消化性溃疡的治疗，从前西医认为是由于胃酸分泌过多而消蚀胃黏膜，形成溃疡，故有“无酸就无溃疡”之说。近年发现，幽门螺旋杆菌才是消化性溃疡的重要病因，于是又有人提出“无幽门螺旋杆菌就无溃疡”之论。的确，消化性溃疡患者的幽门螺旋杆菌阳性率相当高，现在以抗生素为主的三联疗法，可使幽门螺旋杆菌转为阴性，转阴率达到80％～89％，从而使溃疡愈合。中医对胃生理功能的认识，其中就有“胃主降浊”。“浊”是指经过消化吸收之后的食物残渣，“胃主降浊”指胃气下降，而且是不断地下降，将食物残渣下输到小肠、大肠。若胃不能顺利通降，不仅影响食欲，而且因浊气停留在上，便出现口臭、嗳气、胃胀、泛酸，甚至恶心、呕吐等胃气上逆的症状。采用中医利气通降的治法，可以纠正胃的动力障碍，从而减少消化性溃疡的复发率。这就体现了取中西医各自的优势进行结合。由此也可以看到，西医循着还原论的思路，研究越来越深入细致，说理越来越透彻，发现幽门螺旋杆菌是消化性溃疡的病因，因此将杀灭幽门螺旋杆菌作为主要的措施。中医药在祛除幽门螺旋杆菌方面可能也有一定效果，但西医药的效果已经相当明确，所以要借鉴它的长处。消化性溃疡同时还伴有胃动力紊乱，属于中医脾胃病范畴，而中医治疗脾胃病有大量的文献记载和丰富的经验，这是优势所在，应该予以借鉴。因此，辨证与辨病的中西医结合是取中西医各自之长，是针对病理生理变化的结合，并不是简单地中医辨证加上西医辨病。

宏观辨证与微观辨证相结合也是沈自尹强调中西医有机结合的一个重要方面。宏观辨证，是中医的长处。微观辨证，就是通过各种先进的现代科学（包括现代医学）技术检测的微观指标来认识与辨别病证。在医疗上，将宏观辨证和微观辨证相结合，加以分型论治，并引入有效的治疗手段，就能够取得满意的疗效。以慢性再生障碍性贫血（再障）为例，从前中医按宏观辨证，认为这类患者是气血两虚，一般都用大补气血的办法治疗，可疗效并不令人满意。当从西医辨病的角度，了解到再障的微观病变是骨髓造血功能障碍，联系到中医“肾主骨、生髓……肾藏精、精血同源”等理论，改用补肾方法后，疗效确实有所提高。事实上，宏观辨证与微观辨证相结合，是辨病与辨证相结合的进一步发展与深入。又如，免疫性不孕症是女方体内产生对抗精子的抗体而不能怀孕，这种免疫功能异常从微观辨证所见，与中医理论中肾阴虚火旺相对应，按理应采用滋阴降火的方法。但这些患者宏观辨证却并无肾阴虚的表现，相反多属肾阳虚表现。当辨病与辨证相结合不一致的时候，有时需舍证从病，有时需舍病从证。对免疫性不孕症患者舍证从病，采用滋阴降火的方法，可使80%患者因免疫异常而产生的抗体转为阴性，从而可以怀孕。

沈自尹在长期大量的临床实践中，有时从西医出发，借鉴中医之长，有时从中医出发，借鉴西医之长，其变化之妙，可谓存乎一心，充分体现了一位当代医学家兼收并蓄、广博宏深的学养。所以沈自尹在中医临床虽然有很多体会、特点，但根本的特点只有一个：古老的中医学和现代医学要有机结合，目的都是为了弄清疾病深层次的病理变化，使处方用药能针对本质，从而提高临床疗效。

谦恭学者养生亦有道

2007年，适值沈自尹八十寿辰，学生将他的论著编辑为《肾虚与科学》一书出版。此书对他的绝大部分工作进行了分类总结，因此格外珍贵。该书出版后，他送每个学生一本，并在扉页上题字留念，题字即是出自《易经》的那句“天行健，君子以自强不息”。沈自尹一生的奋斗精神，用这句话概括再合适不过了。面对社会形势的动荡变化，他执著追求信念，从没动摇过。他对自己要求很严格，把做好学问、做好研究、有真正的发现作为一生最大的追求和满足。他勤奋不辍，孜孜不倦，天天都要看书或写作，至今还常在杂志上发表文章。他非常关心学生的学习和研究，对学生的研究目标、实验设计都要反复检查，对学生写的论文都要认真审阅、修改，大到文章的思路，小到标点符号，都严格要求，一丝不苟。他不断学习，与时俱进，总是率先引进国际前沿的新学说、新技术。1997年Basedovsky提出的神经一内分泌一免疫网络学说推动了现代医学摆脱机械唯物论，向整体论发展，这个学说与中医的整体观有相当多的吻合点，他将这一学说引进并进行了持之以恒的研究；20世纪90年代末，基因组学、蛋白组学、代谢组学等功能基因组学研究技术，由于具有高通量检测特性，可能对说明中医医理有所帮助，他以极大的热情，投入大量的时间和精力，对“证”进行基因组学研究；2003年左右，国际上正处在系统生物学的研究热潮，他敏锐和开拓性地将之引入到中医研究中。他发现系统生物学和中医对事物的认识观念方面十分相似。刚开始做基因芯片实验时，他对大量基因表达谱数据的分析处理还十分茫然。有一天，他突然说，这么多的数据，我看请教一下数学界的人怎么样？于是他开始和复旦大学数学系几位教授合作。他对自己要求严格，对别人却相当宽厚。在学术上，他写文章或演讲，总是以大量的事实作为依据，不比较、不贬低他人的研究成果。孔子说："知我者，其惟《春秋》乎？罪我者，其惟《春秋》乎？"一个做学问的人，他要研究的是对象本身，而不是自己的同行。自然总是以各种表象出现，揭示自然表象背后的规律，并把它呈现出来，才是研究者真正的任务。韩愈在《原毁》中说："古之君子，其责己也重以周，其待人也轻以约。重以周，故不怠；轻以约，故人乐为善。"沈自尹对人对己的态度，正是君子的优秀品格。

沈自尹勤于思索，做事情目标明确，特别善于提炼、总结和升华。他非常关注一个科研问题的起点和终点。所谓科研的起点，就是提出问题，科研的终点，就是解决问题。他能敏锐地发现课题的价值，判断是不是一个好的问题。有时他和学生随便交流想法，听到有趣的想法，他的精神便为之一振，马上兴致很高，这通常是一个重要的问题。他对科研目的的把握贯穿于整个科研过程的每一个细节中。科研就是遵循这么简单的原则：一个好的问题，一个明确的目的，一个达到这个目的最简洁的途径。

沈自尹的养生之道独具特点，可以说是他学术思想在日常生活中的反映。他既尊重中医学对人体养生的认识，又吸收现代医学观念，持之以恒，数十年如一日，一以贯之。养生并不是追求长生不老，也不是一件容易的事情。首先，求得对生命的正确认识，采用适合自己的方式方法，就非易事；其次，养生贵在坚持，若非德行坚定的人，即使知道了养生之道，也必定无功而返。他如今已臻耄耋之年，依然精神矍铄，思维敏捷，活跃在科研工作第一线，指导博士研究生、博士后，这应是养生有道的结果。他的养生之道，概括起来，大致有四点：合理饮食、坚持锻炼、戒烟少酒、性情平和。

合理饮食既包括科学安排一日三餐，也包括一日三餐以外的营养成分补充。他的膳食安排可以说是有中医特点的科学饮食。随着年龄增大，他以素食为主，多吃蔬菜水果，少吃肥肉和荤油。因为动物脂肪富含饱和脂肪酸以及胆固醇，会提高血液中的低密度脂蛋白（称为有害的血脂）含量。随着血压升高，低密度脂蛋白可在动脉壁上沉积，形成粥样的斑块，使得动脉管腔狭窄，甚至堵塞，造成动脉供血区发生缺血性变化。他饮食清淡，“清”就是少油腻，“淡”就是少盐酱。他食糖也较少，因为老年人有糖耐量降低的倾向，容易血糖偏高，甜食和含糖量高的水果也不能多吃。单糖如果糖、葡萄糖，双糖如蔗糖，都能使人发胖，同时可转化为甘油三酯（亦是有害的血脂），同样会促使心、脑血管病变。蛋白质是最为重要的营养素，除了是构成人体各种器官、组织乃至细胞的基本物质，许多有高度生理活性的物质，如酶、抗体、激素等，以至遗传信息传递都离不开蛋白质。老年人其实比年轻人需要更多的蛋白质。因此他在选择饮食上，蛋、豆类食品、禽肉、鱼类蛋白质搭配食用，以保证蛋白质的供应。

进补是古老中国独有的养生观念。以前常说“冬令进补”，现在已大有“一年四季都要补”的趋势。进补有个针对性的问题。中药的药性都有所偏，如寒热温凉、升降浮沉、辛甘酸苦咸等，平性的中药很少。中药治病是用药物的“偏”来纠正人体的“偏”，服错了有偏性的药，不是反而制造新的偏吗？如有的人吃温热性的红参引起咽痛、鼻血，原因是这些人体质偏于阴虚内热，进补不当，适得其反。所以进补也要有针对性，应该是“让药凑（迎合）人”，而不是“人去凑药”。

沈自尹养生的第二点就是坚持锻炼。体育锻炼对老年人来说尤为重要。“生命在于运动”是一句至理名言，体育运动对提高心脏功能、改善全身代谢、提高骨密度都有帮助。但也另有一种提法是“生命在于静养”，认为气功、瑜伽可以提高神经系统的稳定性，从而有利于支配内脏的活动，甚至可以治病。不同的提法都有一定的科学根据，但是过于强调一种提法，或者锻炼者没有按照自己的条件适度地安排，则往往会陷入误区。如国外风行晨起跑步，有人晨起空腹快跑，跑得大汗淋漓，突然昏倒，甚至休克、死亡的亦有之。这是因为晨起运动前不吃食物，消耗的能量主要来源就靠脂肪分解，此时血液中游离脂肪酸会显著升高，毒害心肌和血管。如果原来有隐性冠心病或动脉粥样硬化，就可能招致冠状动脉供血不足或是心律失常，甚至心肌梗死，从而引发突然事故。至于以静养为锻炼的，若没有和适当的运动相结合，亦会招致肌肉的“废用性萎缩”与骨质疏松。因此通过锻炼来达到保健的目的在于“适度”，无论是运动锻炼来强身，抑或以静养调节身心，都需要“动静结合”。运动锻炼关键在于能否长期坚持。沈自尹认为，选择锻炼方式时，要根据自己的爱好，因为有爱好才能坚持。他年轻时练太极拳，也坚持了很长一段时间，但最后他认为太极拳对他不合适，就换为打保龄球。对保龄球他很感兴趣，几乎每天都坚持去打，每次打40分钟左右，已经坚持了10多年。在复旦大学举行的教师保龄球大赛中，他还夺得了第二名。

第三是戒烟少酒。吸烟会增加心血管疾病和脑卒中的发病危险，与吸烟有关的疾病有缺血性心脏病、呼吸道癌症、慢性阻塞性肺病

（如肺气肿及慢性支气管炎）等。吸烟也是目前产生自由基最快最多的方式，这种自由基可损伤人体细胞，加速衰老。沈自尹不抽烟，但每天晚饭时会饮一小杯红葡萄酒。研究发现，葡萄汁和红葡萄酒中的白藜芦醇能使长寿基因 $SIRT_1$ 的活性增加 13 倍。由于白藜芦醇和原花青素这些能激活 $SIRT_1$ 的多酚类物质是存在于葡萄籽和葡萄皮中，故以带皮带籽的葡萄酿造的红葡萄酒有增寿作用，而白葡萄酒是去皮去籽酿造，就没有这个效果。因此，每天饮用少量红葡萄酒的习惯对他的健康非常有帮助。

沈自尹一生经历了许多坎坷，造就了他既锐意奋发，又胸怀宽广、淡泊名利的独特性格，这也是他长寿的原因之一。生活中，他是个和蔼可亲的性情中人，在他身上从来感觉不到世俗的圆滑和虚伪。他的喜怒哀乐都“写”在脸上，从不掩饰。有时他还会情不自禁地表现出一种孩童般的直率和可爱。1997 年，他当选为中国科学院院士，当他得知这个消息时，激动之情难以言表。但他很快就平静下来，对大家说："就我个人来说，当选中科院院士除了觉得有幸获此殊荣以外，更受鼓舞的是中医药科学内涵的中西医结合研究得到了我国最高科学机构和科学家们的承认与肯定。"他在学术上造诣很深，但对学生和晚辈的意见非常尊重。在课题讨论会上，他会特意听取新来学生的想法。他尊重晚辈的意见，也尊重他们的劳动。一次，为了建立"肾虚证"数学模型，他向复旦大学数学研究所的一位年轻教师请教有关"人工神经网络"方面的问题。他从家里带来了上好的茶叶，亲自泡好茶水，双手端给这位小老师，弄得这位年轻人一脑门汗，很不好意思。请教结束后，他还要付给报酬。像这种生活中以诚待人待客的小事比比皆是，反映出沈自尹谦和虚心、平易近人的大家风范。

孔子在《论语·雍也》中说："智者乐水，

仁者乐山。智者动，仁者静；智者乐，仁者寿。”意思是说：聪明的人快乐，像水一样，永远是活泼的；仁爱的人快乐，像山一样，崇高、伟大、宁静。聪明的人不断探求知识，思维是活动的；仁爱的人有涵养，看事情冷静。从探索知识中得到乐趣，宁静有修养，心胸开阔，寿命自然延长。沈自尹对学术兢兢业业、不断探求，可谓探索之路上的“智者”；而对其他事情常常一笑了之，对人对事都很包容，心胸开阔，心情平静，不拘于物，可谓“仁者”。这种“智者”与“仁者”的修养和境界，是他养生长寿的真正秘诀。

（撰稿人　黄建华）

《中华中医昆仑》丛书150位医家名录

（按生年排序）

张锡纯	丁甘仁	萧龙友	王朴诚	恽铁樵
曹炳章	冉雪峰	谢　观	施今墨	汪逢春
孔伯华	黄竹斋	吴佩衡	蒲辅周	陈邦贤
李翰卿	李斯炽	姚国美	陆渊雷	张泽生
时逸人	张梦侬	叶橘泉	王聘贤	陈慎吾
邹云翔	赵炳南	承淡安	余无言	刘惠民
岳美中	沈仲圭	秦伯未	赵锡武	韦文贵
程门雪	黄文东	赵心波	董廷瑶	吴考槃
章次公	石筱山	陆南山	张赞臣	李聪甫
刘绍武	陈存仁	朱仁康	陆瘦燕	姜春华
韩百灵	高仲山	李克绍	王鹏飞	刘春圃
金寿山	哈荔田	何世英	周凤梧	干祖望
关幼波	王为兰	任应秋	罗元恺	祝谌予
杨医亚	郭士魁	何时希	耿鉴庭	俞慎初

裘沛然	顾伯华	江育仁	邓铁涛	门纯德
刘渡舟	尚天裕	朱良春	李玉奇	程士德
尚志钧	赵绍琴	董建华	米伯让	李辅仁
张珍玉	班秀文	颜正华	于己百	颜德馨
路志正	方药中	王乐匋	黄星垣	谢海洲
余桂清	何　任	王子瑜	程莘农	陈彤云
焦树德	张作舟	张　琪	李寿山	张镜人
王绵之	方和谦	印会河	王玉川	蔡小荪
李振华	马继兴	王嘉麟	宋祚民	刘弼臣
王雪苔	刘志明	吴咸中	李今庸	任继学
裴学义	王宝恩	周霭祥	贺普仁	唐由之
赵冠英	许润三	金世元	陆广莘	刘柏龄
徐景藩	吉良晨	吴定寰	沈自尹	王孝涛
张灿玾	周仲瑛	强巴赤列	张代钊	李经纬
郭维淮	柴松岩	苏荣扎布	陈可冀	李济仁
夏桂成	郭子光	巴黑·玉素甫	张学文	陈介甫